TIERISCH SCHLAU

Galileo

Trickreiches Tierreich

Werkzeuge benutzen

Lange Zeit glaubten die Menschen, sie seien die einzigen Lebewesen, die Werkzeuge herstellen und benutzen können. Nach und nach entdeckte man jedoch, dass auch Tiere mit großer Erfindungsgabe und Kunstfertigkeit in der Natur vorgefundene Gegenstände als Werkzeuge verwenden. Sei es für die Nahrungsaufnahme, für ihren Schutz oder eine gewisse Behaglichkeit – immer ist es eine Frage der Technik und Schlauheit. Einige Arten sind außerordentlich geschickt darin, sich der Dinge zu bedienen, die ihre Umgebung ihnen bietet.

Das perfekte Werkzeug

Wenn ein Mensch sich nichts merken kann oder etwas begriffsstutzig ist, sagt eine Redensart, dass er „ein Spatzenhirn habe". Man könnte daraus schließen, dass Vögel dumm seien, weil sie ein kleines Gehirn haben. Doch das stimmt keineswegs. Insbesondere zur Nahrungsaufnahme benutzen verschiedene Vogelarten mithilfe ihres Schnabels sogar Werkzeuge. Der auf Santa Cruz und anderen Galapagosinseln lebende Spechtfink gebraucht einen Zweig oder den Dorn eines Kaktus als Hilfsmittel bei der Nahrungssuche. Mit dem Pflanzenteil im Schnabel stochert er nach Insekten und Larven, die sich in Astlöchern oder unter der Baumrinde verbergen. Die Neukaledonienkrähe kann mit ihrem Schnabel Stöckchen oder Blätter tropischer Pflanzen derart bearbeiten, dass Werkzeuge mit Haken oder Kerben entstehen.

Der Meerotter ist ein hervorragender Schwimmer und hat eine ebensolche Begabung, sich auf dem Rücken treiben zu lassen. So kann er seinen Bauch wie einen Arbeitstisch verwenden.

Die Erfindung des Ambosses

Der Meerotter ernährt sich vorwiegend von Muscheln, Meeresschnecken, Krebsen und Seeigeln. Hat er bei der Jagd auf dem Meeresboden eine Muschel als Beute ausgewählt, macht er sich sogleich auf die Suche nach einem flachen Stein, den er in eine Hautfalte unter seiner Achsel gleiten lässt. Zurück an der Wasseroberfläche legt er den Stein, auf dem Rücken schwimmend, auf seinen Bauch. Er nimmt die Muschel zwischen die Vorderpfoten und schlägt sie geschickt mehrmals auf den ihm als Amboss dienenden Stein, bis sie zerbricht und er endlich seine Beute genießen kann. Manchmal benutzt er den Stein auch wie einen Hammer.

Mit Versteck unterwegs

In Indonesien hat man Kraken beobachtet, die sich mit einer leeren Kokusnusshälfte fortbewegen, um sie später als Versteck oder Behausung zu nutzen. Einige Kraken suchen sogar eine zweite Hälfte und passen sie an die erste an, sodass sie über einen gänzlich geschlossenen Unterschlupf verfügen. Dies war der erste Nachweis, dass auch die wirbellosen Tiere Werkzeuge benutzen.

Wurfgeschosse abfeuern

Der Schmutzgeier ist der König in der Disziplin des Steinwurfs! Bei in Afrika lebenden Schmutzgeiern beobachtete man, wie sie mit ihrem kräftigen Schnabel einen bis zu 1 kg schweren Stein packen, um damit die riesigen Straußeneier aufzuschlagen. Dabei heben sie ihren Kopf, um dem Geschoss mehr Wucht zu verleihen, und werfen es dann mit aller Kraft auf das begehrte Ei. Diesen Vorgang wiederholen sie so lange, bis die Eischale aufgebrochen ist. Ein kleineres Ei nimmt der Geier in den Schnabel und wirft es auf den Boden oder gegen einen spitzen Stein. Die jungen Schmutzgeier erlernen diese Fertigkeit durch das Beobachten und Nachahmen der Eltern.

Die Neukaledonienkrähe (oben links), der Spechtfink (unten links) und der Schmutzgeier (rechts).

Ein einfallsreicher Schutz

Bei weiblichen Delfinen an der Westküste Australiens wurde eine erstaunliche Verhaltensweise festgestellt: Bevor sie auf dem Meeresgrund nach ihrer Beute suchen, die aus kleinen Fischen, Krebsen und anderen Meerestieren besteht, bedecken sie ihre Schnauze mit einem Schwamm. Dieser „Schnauzenschoner" ist ein wirksamer Schutz gegen Verletzungen durch Fische mit Stacheln oder messerscharfe Korallen. Allerdings wissen die Forscher bis heute nicht, warum sich nur die weiblichen Tiere dieser einfallsreichen Methode bedienen.

Affen im Allgemeinen, vor allem aber die ausgesprochen geschickten Schimpansen, sind die Meister in der Handhabung von Werkzeugen. Doch auch andere Tiere wie beispielsweise Elefanten sind Könner auf diesem Gebiet: Sie alle wissen, wie sie an ihren Lebensbereich angepasste Werkzeuge einsetzen.

Hammer und Amboss der Schimpansen

Beim Aufbrechen der Schalen ihrer Lieblingsfrüchte zeigen Schimpansen ihre ausgefeilte praktische Veranlagung. Als Hammer benutzen sie ein Holzstück oder – bei härteren Schalen – einen Stein. Ein Gesteinsbrocken oder eine Baumwurzel dienen als Amboss: Sie legen die Frucht darauf und bearbeiten sie mit dem Hammerwerkzeug.

Der Galago

Eine wirkungsvolle Lanze

Galagos sind kleine Primaten, die von Schimpansen als Beutetiere geschätzt werden. Im Senegal hat man beobachtet, dass die Schimpansen zum Jagen sogar Lanzen anfertigen! Der Schimpanse wählt zunächst einen Stock von geeigneter Länge und Dicke aus und nagt dann das Ende so ab, dass eine Spitze entsteht. Nachdem er einen Baum ausfindig gemacht hat, in dessen Hohlräumen sich Galagos eingenistet haben, stößt er seine Waffe hinein. Hat der Schimpanse einen Galago erwischt, frisst er seine Beute auf der Stelle.

Der Stock des Gorillaweibchens

Hinter dichtem Pflanzenbewuchs verborgen, haben Forscher zwei Gorillaweibchen beim Durchqueren eines tiefen Tümpels beobachtet. Als das Wasser der ersten Äffin bis zur Taille reichte, packte sie einen Ast und brach ihn vom Baum ab. Kaum zu glauben, aber wahr: Zunächst benutzte sie ihn wie einen Stock zum Halten des Gleichgewichts. Anschließend verwendete sie ihn, um die Tiefe des Wassers zu messen.

Die Art und Weise, in der ein Schimpanse auf einen als Amboss dienenden Stein schlägt, ist menschlichen Bewegungsabläufen sehr ähnlich.

Termiten angeln

Um an die geschätzten Termiten zu kommen, besorgen sich Schimpansen eine Angel. Zwischen Gräsern, Lianen, Blättern und Ästchen suchen sie geduldig nach einem geeigneten Zweig, von dem sie dann die Blätter entfernen. Während der Regenzeit, wenn sich die Termiten weit oben in ihrem Bau befinden, ist eine Länge von 30 cm ausreichend. Doch in der Trockenzeit leben die Tiere in den kühleren Tiefen des Baus. Dann wählt der Schimpanse eine längere Angel. Er sticht seinen Stab in ein Loch des Termitenhügels, wobei er ihn leicht erzittern lässt. Und schon hat er sein Ziel erreicht: Eine große Anzahl der Termiten, die als Soldaten ihrem Tierstaat dienen, beißen zu. Nun zieht der Schimpanse den Stock heraus und lässt ihn sich durch das Gebiss gleiten – höchst erfreut genießt er seinen Beutefang.

Ausgestattet mit einem bearbeiteten Zweig, verfügt der Schimpanse über eine gute Technik, um sich mit seinen Lieblingsspeisen zu versorgen.

Die Zahnseide der Makaken

Höchst erstaunlich und wenig angenehm für die Betroffenen: Die an touristischen Orten Thailands zahlreich anzutreffenden Makaken ziehen den Touristen an den Haaren und reinigen sich mit diesen die Zähne.

Sehr groß und sehr schlau

Dem Elefanten fehlt es nicht an praktischem Geschick. Seinen Rüssel kann er wie einen Arm benutzen – etwa, um einen Stock zu greifen und sich zu kratzen, wenn es ihn an schwer erreichbaren Stellen juckt.

Die lästigen Fliegen verjagt er mit einem Ast, den er mit seinem Rüssel ergreift. Im südlichen Afrika werden die Elefanten der Nationalparks durch elektrische Zäune von den landwirtschaftlichen Flächen ferngehalten. Doch davon lassen sich die Tiere kaum beeindrucken. Mithilfe ihres Rüssels werfen sie große Steine gegen die Zäune, um sie zu zerstören: eine erfolgreiche Methode, um sich Zugang zu den Feldern zu verschaffen. In Asien hängen die Bauern zahmen Elefanten eine Glocke um den Hals, damit sie bemerken, wenn sich die Tiere ihren Pflanzungen nähern. Um das Läuten zu verhindern, stopfen die pfiffigen Feinschmecker die Glocken mit Lehm voll.

Tricks fürs Überleben

In der Natur ist die Fähigkeit, sich zu verteidigen und zu schützen, überlebenswichtig. Tiere haben jeweils ihre eigenen Techniken, um ihren Feinden zu entkommen. Dabei legen manche höchst erstaunliche Tricks an den Tag, die häufig mit körperlichen Merkmalen zusammenhängen. Die Nachahmung ist ein sehr wirksames Mittel, um unentdeckt zu bleiben oder den Angreifer zu erschrecken. Einige Tiere sind wahre Meister in der Kunst der Täuschung. Der Krake zum Beispiel kann sich perfekt tarnen und das Opossum stellt sich tot, um seinen Feind hinters Licht zu führen.

Das Opossum kann sich tot stellen

Um zu überleben, verfügt das Opossum über großes schauspielerisches Talent: Es kann nämlich so tun, als sei es tot. Dazu lässt es sich auf die Seite fallen, der steife Körper regt sich kein bisschen, die Augen sind starr und die Zunge hängt aus dem Maul. In seiner Tarnung ist es dem Opossum sogar möglich, dass Sabber aus seinem Maul rinnt und ein ekelerregendes grünliches Sekret aus seinem After strömt. Der Angreifer glaubt, dass dort nur ein Kadaver liegt und wendet sich ab. Kurz darauf steht das Opossum auf und sucht das Weite. Manche Frösche benutzen denselben Trick.

Meisterhafte Täuschung

Um seinen Feinden zu entkommen, hat der Krake mehr als nur einen Trick parat! Mithilfe von pigmenthaltigen Zellen in der Haut ist er in der Lage, seine Farbe zu ändern, um sich dem Meeresgrund anzupassen. Der Krake kann sogar die Struktur seiner Haut ändern, sodass er einer Meerespflanze oder einem Stein täuschend ähnlich sieht. Darüber hinaus kann der Krake eine schwarze Tintenflüssigkeit versprühen, die dem Angreifer die Sicht nimmt, und ihm die Flucht ermöglicht. Aufgrund dieser Fähigkeit gehört der Krake auch zur Unterklasse der Tintenfische.

Die Augenflecken der Schmetterlinge

Schmetterlinge wie die Tag- und Nachtpfauenaugen weisen auf den Hinterflügeln zwei augenförmige Flecken auf. Werden sie angegriffen, öffnen sie abrupt ihre Vorderflügel und lassen den Feind zudem ihre Augenflecken auf den Hinterflügeln sehen. Der Angreifer denkt, das Gesicht einer Eule vor sich zu haben, ist verwirrt und schlägt nicht sofort zu. Der Schmetterling nutzt diese Gelegenheit, um rasch davonzufliegen.

Schlangenaugen

Die Raupe des Weinschwärmers, einem Nachtfalter, ist geschmückt von schwarz-weißen Augenflecken. Bei Gefahr zieht das raffinierte Wesen Kopf und Brustkorb in die ersten beiden Hinterleibsegmente ein, wobei die beiden großer Augenflecken an deren Seiten deutlich hervortreten. Nun gleicht die Raupe einer kleinen bedrohlichen Schlange und der Angreifer ergreift die Flucht.

Die Giraffe legt sich nur zum Schlafen hin, wenn sie sich vollständig sicher fühlt.

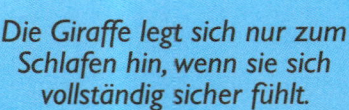

Der leichte Schlaf der Giraffen

Damit Pflanzenfresser wie Antilopen, Zebras oder Büffel den Löwen oder Leoparden nicht zum Opfer fallen, hüten sie sich davor, tief und fest zu schlafen. Sie haben einen kürzeren und leichteren Schlaf als ihre Feinde. Giraffen schlafen sogar nur bis zu vier Stunden pro Tag und bleiben dabei häufig auf allen vieren stehen. Ihre Kniegelenke sind dabei wie eingerastet, damit die Tiere nicht umfallen.

Um jeden Preis entkommen

Lässt sich eine Eidechse von einem Angreifer erwischen, hat sie keine andere Wahl, als ihren Schwanz zu opfern, um ihre Haut zu retten. Der abgetrennte Schwanz, den sie einfach abwerfen kann, zappelt noch weiter. Das fesselt die Aufmerksamkeit des Feindes und lenkt ihn von der Eidechse selbst ab, die derweil flieht. Der innerhalb weniger Wochen nachgewachsene Schwanz ähnelt allerdings nicht immer dem vorherigen. Oft ist er kürzer und hat eine andere Farbgebung. Zudem lässt er sich nicht so leicht abtrennen.

Tricks für die Jagd

Um Ihre Beute in die Falle zu locken, bedienen sich Raubtiere unzähliger Tricks und Täuschungsmanöver. Verlassen sich manche auf ihre Kraft und außergewöhnliche Schnelligkeit, setzen andere auf den Erfolg der gemeinsamen Jagd. Letzteres trifft auf Landsäugetiere wie Löwen und Wölfe zu, aber auch auf Meeressäuger wie Wale und auf Vögel wie etwa Pelikane. Einige dieser Praktiken sind ebenso erstaunlich wie einfallsreich und offenbaren, dass Tiere zielgerichtet handeln, um an ihre Beute zu kommen.

Ein perfekter Schauspieler

Der Fuchs gehört zu den Allesfressern. Zu seinen Beutetieren, die er allein jagt, gehören vor allem kleine Nagetiere, Kaninchen und Vögel. Seine Jagdtechniken sind je nach Beutetier unterschiedlich. Um Raben zu erlegen, nutzt er eine erstaunliche List: Er lockt die Vögel, die auch Aas mögen, indem er sich tot stellt. In Erwartung eines reichhaltigen Mahls nähern sich die Raben ohne Misstrauen, bis der Fuchs plötzlich aufspringt und einen der Raben frisst.

Clever und effektiv

Schon von Weitem machen die Wale in der Antarktis die Packeisschollen aus, auf denen sich Robben und Pinguine ausruhen. Sie nähern sich zu mehreren, gleiten unter die Eisscholle und lassen sie wackeln, was ihre Beute aus dem Gleichgewicht bringt. Oder aber sie lassen die Eisscholle schwanken, indem sie alle gemeinsam mithilfe ihrer Flossen Wellen erzeugen. Robben und Pinguine rutschen von der sicheren Scholle ins Wasser, wo die Wale sie genussvoll verspeisen.

Achtung!
Lasso werfende Spinne!

Die in Australien vorkommende Bolaspinne legt bei der Beutejagd große Finesse und eine ausgefeilte Technik an den Tag. An einem zwischen zwei Zweigen gespannten Spinnfaden hängend, lässt sie an einem ihrer Beine einen weiteren Faden herab, an dessen Ende sich eine Schleimkugel befindet. Diese ist mit einem Sexuallockstoff gefüllt, der Nachtfalter anzieht. Sobald ein Falter in der Nähe ist, schwingt die Spinne die Kugel wie ein Lasso, damit die Beute daran festklebt. Dann spritzt sie dem Opfer Gift und spinnt es in einen Seidenkokon ein, den sie in ihrer Vorratskammer aufbewahrt.

Der Mangrovereiher lebt in wassernahen Mangrovenwäldern. Er „angelt" seine Beute mit einem Köder.

Blume oder Fangschrecke?

In Malaysia ahmt die Orchideenmantis die wunderbare Blume, der sie ihren Namen verdankt, auf perfekte Weise nach und erbeutet auf diese Weise nektarsuchende Insekten. Ihre Gliedmaßen ähneln den Blütenblättern einer Orchidee. Besonders verführerisch für ihre Beute wird die Fangschrecke, wenn sie ihre Beine dehnt und ihren Hinterleib anhebt, der dann wie eine Blütenknospe wirkt. Stundenlang sitzt sie regungslos in dieser Stellung auf der Lauer und beobachtet jede Bewegung um sich herum. Kommt ein Insekt in ihre Reichweite, umklammert sie es mit ihren Fangarmen.

Angeln mit Ködern

Der Mangrovereiher ernährt sich vor allem von Insekten und Fischen. Bei der Jagd kann er stundenlang auf einem Ast über dem Wasser ausharren und warten, bis ein Beutetier auftaucht. Um auf keinen Fall leer auszugehen, hat er eine ganz eigene Technik: Er erbeutet einen Wurm und legt ihn als Köder auf das Wasser. Wenn ein Fisch „anbeißt", stürzt der Vogel herab und erfasst den Fisch.

Pelikane jagen in der Gruppe

Pelikane jagen häufig in Gruppen, was ein beeindruckender Anblick und bei Vögeln selten ist. Dicht beieinander schwimmen sie auf der Suche nach Beute an der Meeresoberfläche. Wenn sie einen Fischschwarm ausmachen, treiben sie die Tiere Richtung Ufer. Sie fischen sie mit ihrem dehnbaren Kehlsack am Schnabel, der wie ein Kescher funktioniert, aus dem Wasser und schlucken sie herunter.

Tricks der Eltern

Wer hätte gedacht, dass auch Tiere in der Lage sind, andere zu täuschen, um ihren Nachwuchs zu schützen und zu ernähren? Der Kuckuck ist besonders raffiniert: Er legt seine Eier in das Nest anderer Vögel, die von dieser List nichts ahnen. Der Sandregenpfeifer lenkt gnadenlose Feinde von seinen Jungen ab, indem er so tut, als sei er verletzt. Die Sklavenhalterameisen gehen zur Sicherung des Nachwuchses sogar noch weiter: Mit einem Täuschungsmanöver stehlen sie die Puppen anderer Ameisenkolonien!

Adoptiveltern gesucht

Kuckuckseltern bleiben nur kurze Zeit zusammen und bauen kein Nest. Das Weibchen legt seine Eier in den Nestern von Nachbarvögeln ab. Zu diesem Zweck wird ein Vogel, der gerade Eier gelegt hat, gezielt beobachtet (hier ein Rotkehlchen). Mit einem Ablenkungsmanöver bringt das Kuckucksmännchen den Wirtsvogel dazu, sein Nest zu verlassen.

Sobald das Nest unbewacht ist, eilt das Kuckucksweibchen zum Nest, legt ein Ei und entfernt eines der bereits vorhandenen. Das Kuckucksei bleibt unerkannt. In Form und Farbe gleicht es häufig den anderen Eiern.

Der Kuckuck ist berühmt für seine Art der Eiablage, da dieses Verhalten in der Tierwelt einzigartig ist.

Der junge Kuckuck schlüpft meist als erster Vogel und wirft die übrigen Eier energisch aus dem Nest.

Eine Echse als Hausbesetzer

Einige Arglist legt der Nilwaran an den Tag, um seine Brut zu verstecken und ihr zugleich Nahrung zu sichern. Er wartet, bis der Regen einen Termitenhügel aufweicht, bevor er ein Loch hineingräbt und seine Eier dort ablegt. Ohne die lauernde Gefahr zu ahnen, reparieren die Termiten ihr Haus und schließen sich so mit ihrem Feind ein. Geschützt in der warmen Behausung, schlüpfen nach drei oder vier Monaten die Jungen. Hungrig verschlingen sie die Termiten.

Sein lautes Rufen bringt die „Adoptiveltern" dazu, ihn zu füttern, bis er nach zwei bis drei Wochen davonfliegt. Inzwischen ist er doppelt so groß wie die Wirtsvögel, die ihn gefüttert haben.

Ein Vogel spielt Theater

Der Sandregenpfeifer nistet in Küstennähe. Nähert sich ein Feind, etwa ein Rabenvogel oder eine Möwe, erregt die Mutter auf ungewöhnliche Weise dessen Aufmerksamkeit: Sie entfernt sich mit scheinbar gebrochenem Flügel und ängstlichen Schreien vom Nest.

Erfreut über die leichte Beute, die sich ihm bietet, folgt der Jäger, der eigentlich auf die Jungtiere aus war, der Mutter. Diese fliegt pfeilschnell davon, sobald sie ihre Jungen sicher wähnt, und lässt den Verfolger hungrig zurück.

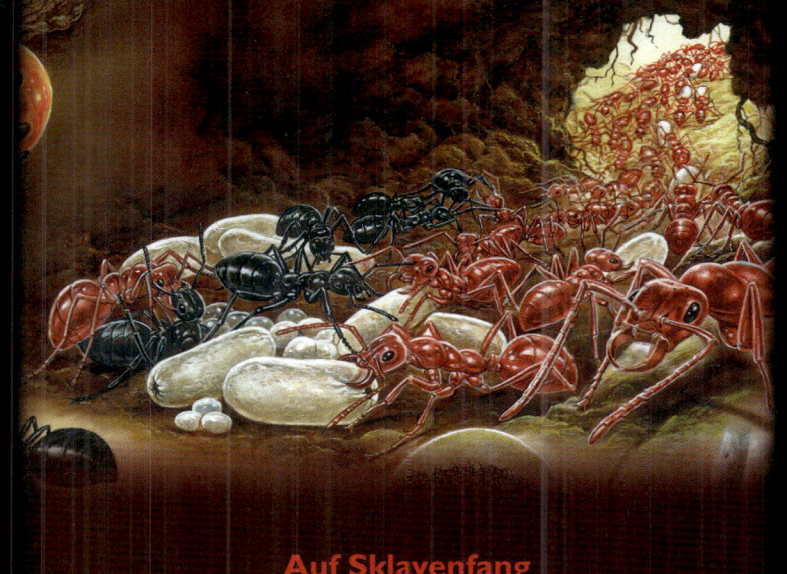

Auf Sklavenfang

Bei einigen Ameisenarten sind die Arbeiterinnen nicht in der Lage, auf Nahrungssuche zu gehen oder die Nachkommen der Königin zu versorgen. Diese Arten, zu denen auch die Sklavenhalterameisen gehören, bedienen sich einer unglaublichen List: Sie dringen in das Nest einer anderer Ameisenart ein und verbreiten chemische Duftstoffe, die die überfallenen Tiere glauben lassen, dass eine Gefahr droht. Diese verlassen fluchtartig ihr Nest, sodass sich die Sklavenhalterameisen nur noch der verpuppten Larven zu bemächtigen brauchen und sie in ihr eigenes Nest bringen. Ausgewachsen werden die entführten Ameisen als regelrechte Sklaven behandelt und müssen sich um alle Aufgaben der Ameisenkolonie kümmern.

Krabbelnde Bestattungsunternehmer

Manche Käfer ernähren sich von Tierkadavern. Der Totengräber hat eine Lösung gefunden, um auch seine Larven zu ernähren: Zusammen hebt das Totengräberpärchen unter dem Kadaver eines Vogels oder einer Maus eine Höhle aus. Durch einen Gang wird der Kadaver dann in die Höhle gezogen, bis die Tierleiche fast rund ist. Eine wahre Gemeinschaftsarbeit! Anschließend legt das Weibchen seine Eier in der Nähe des Kadavers ab und ernährt die Larven mit dem verfaultem Fleisch, das es hochwürgt.

Baumeister

So wie Menschen Häuser errichten, bauen viele Tiere Nester. Sie dienen ihnen als Zufluchtsort und Zuhause. Hier gebären sie ihre Jungen oder legen ihre Eier. Sind viele Nester und Bauten von eher schlichtem Aufbau, so zeugen andere von einem erstaunlichen Einfallsreichtum. Unter den Säugetieren gilt der Kanadische Biber als König unter den Baumeistern. Biber errichten nicht nur ihren eigenen Wohnbau, sondern auch gewaltige Dämme, um ihre Biberburg zu sichern. Manche Vogel- und Insektennester stehen in architektonischer Hinsicht den Biberbauten allerdings in nichts nach.

Ein Nest aus Seide und Blättern

Die Weberameisen bauen ihre Blattnester auf ganz besondere Weise in den Bäumen. Um die Blattkanten einander anzunähern, verhaken sich die Tiere zu einer Kette. Für den „Klebstoff" nimmt eine Arbeiterin eine Larve zwischen ihre Mundwerkzeuge und regt sie zur Ausscheidung eines seidenähnlichen Fadens an. Dann bewegt sie sich mit ihr von einer Blattkante zur anderen. Dabei hinterlässt die Larve jeweils einen Tropfen Seide, der nach dem Trocknen die Blattkanten zusammenhält. Das fertige Nest ähnelt einem Gespinst aus aneinandergeklebten Blättern.

Der Biberbau: Auf Steinen und Erdreich errichtet und bedeckt von einem Geflecht aus Zweigen, kann der Bau eine Höhe von bis zu 2 m erreichen. Die Biberfamilie betritt ihn über einen unterirdischen Gang. Unterhalb der Wasseroberfläche befindet sich der Speiseraum, etwas höher das Schlafzimmer.

Die Dammbauten der Kanadischen Biber

Biber gehören zu den Nagetieren, die sowohl an Land als auch im Wasser leben. Sie sind bekannt für ihre beeindruckenden Dammbauten. Für deren Errichtung nagen sie mit ihren kräftigen Zähnen Baumstämme an. Die gefällten Stämme werden in Stücke zerlegt und von der Rinde befreit, bevor sie über Land oder auf dem Wasser an den Zielort gezogen werden. Die tragfähigsten Stämme werden senkrecht in das Flussbett gerammt, während dünnere Äste und Laub waagerecht angebracht werden. Mit Schlamm befestigt, bilden diese Dämme eine Sicherheitszone für den Biberbau und ermöglichen die Regulierung des Wasserstands.

Ein Nest aus Knoten

Beim Nestbau verwebt das Männchen des Webervogels frische, biegsame Gräser oder lange, bandartige Blätter genau in der Weise, wie es ein menschlicher Weber oder Korbflechter tun würde. Mit seinem Schnabel befestigt er die Enden, indem er sie in das Geflecht schiebt oder sie verknotet, wobei er mit seinen Füßen das Gewebe des Nestes festhält. Selbst komplizierte Knoten sind kein Problem für ihn. Ist das Werk vollbracht, geht das Männchen auf die Balz und zeigt dem Weibchen sein Nest – in der Hoffnung, dass die Dame seines Herzens beeindruckt ist. Da Webervögel in Kolonien leben, können die Nester eine beachtliche Größe erreichen.

In diesem Detailbild erkennt man das wahre Talent! Das von einem Webervogel gebaute Nest ist so haltbar wie möglich und zugleich äußerst einladend für das Weibchen.

Die Termitenhügel

Termiten leben in den warmen Regionen der Erde. Aus mit Speichel vermischter Erde können sie wahre Monumente schaffen, in denen es immer gleichmäßig feucht und dunkel ist. In warmen, feuchten Ländern gleichen die Termitenhügel Pilzen ①, in trockeneren Gebieten erbauen die Tiere kathedralförmige Gebilde von bis zu 8 m Höhe ②. Im Innern befinden sich zahlreiche Zellen, die durch ein Netz von Gängen miteinander verbunden sind. Im Zentrum liegt die Kammer der Königin. Dank einer ausgefeilten „Klimaanlage" mit labyrinthisch verlaufenden Luftschächten bleibt die Temperatur im Innern konstant bei 30 °C, was den Termiten den für die Kolonie überlebenswichtigen Anbau von Pilzen ermöglicht.

Gänge

Kammer der Königin

Keller

Pilzgärten

13

Meister der Verständigung

Tiere verständigen sich untereinander mit allen Mitteln, die ihnen zur Verfügung stehen. Sie tauschen mit Lauten und Gesängen Informationen aus, ebenso mit Gerüchen, Zeichensprache, Farben oder sogar mit einem Schall, den das menschliche Ohr nicht wahrnehmen kann. Die Kommunikation der Schimpansen ist besonders faszinierend, weil sie der des Menschen so ähnlich ist. Andere, oft sehr komplizierte Verständigungsformen, wie jene der Delfine, sind immer noch nicht vollständig entschlüsselt.

Die Schreie der Grünen Meerkatze

Viele Tiere stoßen bei Gefahr Warnschreie aus. Die Schreie der Meerkatze sind besonders bemerkenswert. Sie benennen nämlich genau den Feind, der sich gerade anpirscht. Meerkatzen fürchten vor allem Raubvögel, Leoparden und Schlangen. Beim Warnschrei „Adler" flüchtet die Horde ins nächste Gebüsch, bei „Leopard" klettern die Affen auf dünne Zweige, die das Gewicht der Raubkatze nicht tragen können. Stößt eine Meerkatze den Schrei „Schlange" aus, richten sich alle auf und suchen die Umgebung ab, um das Reptil zu orten.

Auch die Sprünge und regelmäßigen Flossenschläge auf die Wasseroberfläche sind eine Form von Kommunikation.

Haben Elefanten ihre Ohren unter den Füßen?

Eine gepfiffene Unterschrift

Delfine stoßen Pfiffe aus, an denen sie sich untereinander erkennen. Jedes Tier hat seinen eigenen Pfiff; er dient in gewisser Weise als Unterschrift oder Signatur. Darüber hinaus erzeugen Delfine Töne von niedriger und hoher Frequenz, die sie jeweils in unterschiedlichen Situationen anwenden: um sich nicht aus dem Blick zu verlieren, um einen Fischschwarm einzukreisen, um vor einer Gefahr zu warnen oder während der Paarungszeit. Sie verständigen sich auch durch Körperkontakt und den Austausch von Zärtlichkeiten.

Der Schimpanse: ein Meister der Kommunikation

Schimpansen sind Gruppentiere. Die Angehörigen einer Gruppe verständigen sich mit ganz unterschiedlichen Mitteln: Körperhaltung, Zeichensprache (die jener der Menschen ähnelt) und Mimik sowie einer Vielfalt an Lauten. Mit Handzeichen kann ein Affe den anderen auffordern, sich zu nähern oder mit ihm zu spielen. Will er den anderen trösten, legt er ihm die Hand auf den Kopf. Eine Umarmung wirkt besänftigend und mit dem Lausen macht er dem anderen eine Freude. Schimpansen bedienen sich rund 60 unterschiedlicher Gesten. Mit etwa 30 Lautäußerungen erreichen sie auch Gruppenmitglieder, die gerade weiter entfernt sind, wobei sie eine Menge an Informationen über die Gefühlslage und das alltägliche Leben übermitteln können.

Bei den Ohrenrobben gehen die Jungen nie verloren

Auch wenn sie die meiste Zeit im Wasser verbringen, gebären die Ohrenrobben ihre Jungen an Land, wo die weiblichen Tiere Kolonien bilden. Im Gegensatz zu der meisten Säugetieren erkennen sie ihre Jungen nicht in erster Linie am Geruch, sondern – wie alle Flossenfüßer, zu denen auch Pinguine gehören – an den Lauten.

Der Infraschall

Zur Sprache der Elefanten gehört das Brüllen und Trompeten. Den Kontakt über weite Entfernungen halten sie aber, wie Wissenschaftler herausgefunden haben, vorrangig durch den Infraschall. Das sind Töne von sehr niedriger Frequenz unterhalb der menschlichen Hörschwelle. Diese sich über die Luft und den Boden verbreitenden Schallwellen nehmen Elefanten über die Fußsohlen und die Ohren wahr.

Verblüffenderweise erkennen die Ohrenrobben ihre Jungen unter Dutzenden anderen. Das Leben der Mütter besteht im Wechsel aus Stillen und Ausflügen ins Meer, wo sie nach Nahrung suchen. Bei ihrer Rückkehr erkennt jede sogleich ihr Junges.

Beistand in der Gruppe

In der Natur herrscht häufig das Gesetz des Stärkeren: Jeder muss seine eigene Haut retten, um zu überleben. Dennoch zeigen viele Tiere einen starken Gemeinschaftssinn, besonders wenn es um den Schutz und die Ernährung der Jungen geht. So nehmen Pflanzenfresser, wie Zebras, Büffel oder Bisons, die ständig von Raubtieren bedroht sind, die jungen und schwachen Tiere in ihre Mitte. Im Zentrum der Herde sind sie geschützt. Bestimmte Tiere achten sehr aufeinander und organisieren sich so, dass es keinem an etwas fehlt.

Einer für alle, alle für einen!

Die geselligen Erdmännchen haben einen außergewöhnlichen Gemeinschaftssinn. Das Wohlergehen des Einzelnen ist das oberste Gebot für die Kolonie. Geht eine Mutter auf Nahrungssuche, werden die Jungen von einem „Babysitter" betreut, der sich in Lebensgefahr begeben würde, um sie vor Raubtieren zu beschützen. Die Wachtposten zeigen eine drohende Gefahr durch Bellen an, sodass die anderen Tiere Zeit haben, sich in ihren mit vielen Eingängen versehenen Bauten in Sicherheit zu bringen.

Eine geniale Partnerschaft

Kurioserweise tun sich in der Natur höchst unterschiedliche Arten zusammen, indem sie sich gegenseitig einen Dienst erweisen. So kümmern sich die Roten Waldameisen um Blattläuse, weil sie für den süßen Honigtau schwärmen, den diese ausscheiden. Sie melken die Läuse, indem sie ihnen mit ihren Fühlern über den Rücken streichen. Im Gegenzug beschützen die Ameisen die Läuse wie ihren eigenen Nachwuchs und töten alle Insekten, die sie bedrohen.

Die freigiebigen Afrikanischen Wildhunde

Das Teilen der Nahrung mit den Jungen oder anderen Familienmitgliedern ist im Tierreich üblich, doch der Afrikanische Wildhund ist besonders großzügig: Hat er ein Beutetier getötet und gefressen, belässt er das Fleisch nur teilweise verdaut in seinem Magen. Bei der Rückkunft zum Bau würgt er es wieder hoch, um die Mitglieder des Rudels zu nähren, die zum Schutz der Jungen zurückgeblieben waren.

Elefanten kümmern sich umeinander

In ihrer Gruppe sind Elefanten eine verschworene Gemeinschaft. Unter dem wachsamen Auge ihrer Mütter, die sie leiten, ernähren, liebkosen und säubern, fehlt es den Jungen an nichts. Ist ein Tier in Schwierigkeiten, tun die anderen alles in ihrer Macht Stehende, um ihm zu helfen. Sie befreien Jungtiere, die im Schlamm eingebrochen sind, und helfen verletzten Herdenmitgliedern. Ein verstorbenes Tier berühren sie manchmal mit ihrem Rüssel und bedecken es mit Erde und Zweigen.

Ein starker Gemeinschaftssinn

Delfine gelten als intelligent und ihr Sozialverhalten ist ausgesprochen ausgeprägt. Ist ein Tier der Gruppe in Schwierigkeiten oder krank, ist häufig zu beobachten, dass die anderen es unterstützen und ihm beim Auftauchen helfen, damit es Luft holen kann. Beim Geburtsvorgang lassen sich weibliche Delfine von einer „Amme" begleiten, die das Junge an die Wasseroberfläche stupst, damit es die ersten Atemzüge tun kann. Sie kümmert sich auch um das Jungtier, falls es zu langsam ist, um der Mutter zu folgen. Es gibt auch Erzählungen über Delfine, die in Not geratene Schwimmer gerettet haben.

Dieser kleine Elefant ist im Schlamm versackt: Er wird von Mitgliedern seiner Herde gerettet.

Einsiedlerkrebs und Seeanemone

Diese beiden Tiere teilen ihr Leben auf sinnvolle Weise miteinander. Hat der Einsiedlerkrebs ein leeres Schneckenhaus gefunden, in dem er wohnen kann, setzt er darauf eine Seeanemone, die er zuvor mit seinen Zangen abgelöst hat. Sie schützt ihn, indem sie Angreifer mit ihren giftigen Fangarmen in die Flucht schlägt. Sie darf dafür die Reste seiner Mahlzeiten verspeisen. Die Gemeinschaft funktioniert so gut, dass der Einsiedlerkrebs seine Seeanemone mitnimmt, wenn er das Schneckenhaus wechseln muss.

Afrikanische Wildhunde jagen in gut organisierten Meuten und vergessen auch jene nicht, die beim Bau geblieben sind.

Gedächtnis und Orientierung

Wie Menschen speichern auch Tiere ihr ganzes Leben lang eine große Fülle an Informationen ab. Man sagt nicht umsonst, dass jemand das Gedächtnis eines Elefanten hat, wenn er über ein großes Erinnerungsvermögen verfügt. Das Gedächtnis der Dickhäuter ist tatsächlich beeindruckend! Und jene Tiere, die jedes Jahr auf denselben Routen wandern, wie Vögel und Wale, können sich erstaunlich gut Orientierungspunkte einprägen. Ebenso eindrucksvoll sind die Ortungssysteme, derer sich Delfine und Fledermäuse bedienen.

Die Zugvögel

Beginnt der Herbst, verlassen Millionen von Vögeln Europa, um in weit entfernten warmen Ländern ein größeres Nahrungsangebot zu finden. Im Frühling kehren sie zurück, paaren sich, legen Eier und ziehen ihre Jungen auf. Zugvögel haben einen unschlagbaren Orientierungssinn. Einige Arten, wie Schwalben oder Störche, fliegen tagsüber. Sie orientieren sich am Sonnenstand und Landschaftsformen wie Bergen, Wüsten oder Ozeanen. Andere, wie die Nachtigall, fliegen nachts und lassen sich vom Stand der Sterne leiten. Zusätzlich zu diesen Orientierungspunkten haben einige Vogelarten winzige Rezeptoren in der Netzhaut ihrer Augen, die wie eine Art Kompass wirken. Durch sie können die Vögel ihre Position in Bezug auf das Erdmagnetfeld bestimmen (das Erdmagnetfeld ist eine Kraft, die aus dem Erdkern kommt und an der Erdoberfläche wie ein Magnet wirkt).

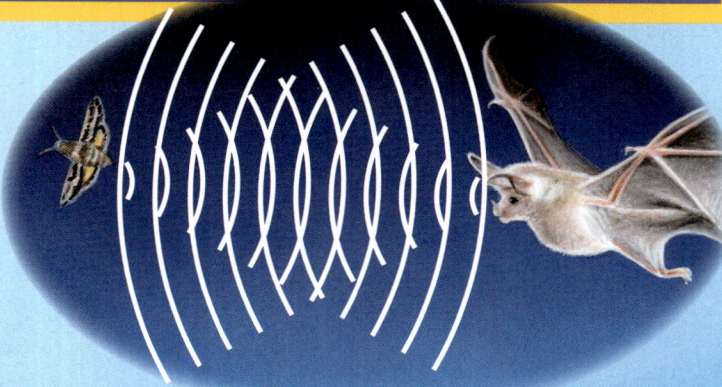

Die Echoortung

Als Ausgleich für ihr schlechtes Sehvermögen haben Fledermäuse die Fähigkeit, sich am Echo zu orientieren, um sich zurechtzufinden, ihre Beute zu verfolgen und Hindernisse auszumachen. Aus Mund oder Nase senden sie für Menschen nicht hörbare Ultraschalllaute aus, die etwa auf Insekten oder Steine prallen und zur Fledermaus zurückgeworfen werden. Dieses Echo vermittelt den Tieren eine Art Hörbild; sie hören Form und Ausmaße des Hindernisses, das sich vor ihnen befindet, und auch die Entfernung, die sie von ihm trennt. Diese Art der Ortung nutzen auch Wale, Delfine, Spitzmäuse und einige Vogelarten.

Das Gedächtnis eines Elefanten

Ein Elefantenjunges wächst behütet in der Familienherde, die von einer erfahrenen Leitkuh geführt wird, heran und speichert nach und nach Tausende von Informationen ab. Es erinnert sich später an die Routen der jahreszeitabhängigen Wanderungen, an gefährliche Regionen, an Wasserstellen und an die besten Weideflächen. Selbst nach jahrelanger Trennung erkennen sich Elefanten untereinander wieder.

Sinne, die nicht versagen

Zahlreich sind die verblüffenden Geschichten über vermisste Hunde, die nach Stunden oder Tagen den Weg nach Hause gefunden haben. Dank ihres ausgezeichneten Geruchssinns und Hörvermögens gelingt es Hunden, Orientierungspunkte zu finden. Zudem haben sie kaum eine andere Wahl, als den Heimweg zu suchen, da sie sich weit entfernt von ihrem Halter und ihrem Revier verloren fühlen.

Die große Reise der Wale

Auch Wale überwinden auf ihren Wanderungen mehrere Millionen Kilometer im Jahr. Nachdem sie sechs Monate gefastet haben, verlassen die Buckelwale im Sommer die tropischen Gewässer der Südsee, um die kühleren Polargebiete genau dann zu erreichen, wenn ihre bevorzugte Nahrung, das Plankton und der Krill, sich rasant vermehrt. Kommt der Herbst, haben sie sich den Bauch vollgeschlagen und treten den Rückweg an, um in den warmen tropischen Gewässern ihre Jungen zur Welt zu bringen. Wie die Zugvögel orientieren sie sich am Stand der Sterne und am Magnetfeld der Erde.

Organisierte Insekten

Bienen, Wespen, Ameisen oder auch Termiten bilden hervorragend organisierte Staaten, die trotz der enormen Größe der Kolonien perfekt funktionieren. Kein Chef gibt Befehle, doch jedes Einzelwesen hat eine klare Aufgabe. Dies garantiert in Verbindung mit einem ausgezeichneten Verständigungssystem den Erfolg der Gruppe. Von der Kolonie getrennt, hat ein einzelnes Insekt jedoch kaum eine Überlebenschance.

Genau geregelte Aufgabenverteilung

Das Bienenvolk besteht aus der Königin, deren Rolle darin besteht, Eier zu legen, nachdem sie von Drohnen befruchtet wurde, und Arbeiterinnen, die die alltäglichen Aufgaben im Bienenstock erledigen. In den maximal 45 Tagen ihres kurzen Lebens übernehmen die Arbeiterinnen verschiedene Funktionen. Nach dem Schlüpfen der Larven säubern sie die Zellen, dann kümmern sie sich um die Larven. Zwischenzeitlich übernehmen sie Aufgaben im Wachdienst und bei der Belüftung des Stocks. Dann bauen sie Waben. In der Mitte ihres Lebens nehmen sie den Nektar der Sammelbienen entgegen. Im Alter von etwa drei Wochen beginnen sie mit dem Sammeln der Nahrung – eine mühsame Aufgabe, die zum Tod führen wird. Kein Arbeitsschritt ist überflüssig: Alle Bienen arbeiten für das bestmögliche Funktionieren des gesamten Volks.

Die Tänze der Bienen

Die sogenannten Kundschafterinnen der Honigbienen führen Tänze auf, wenn sie zum Stock zurückkehren, um Artgenossinnen zum Fundort einer Nahrungsquelle zu rufen. Die Art des Tanzes bestimmt die Entfernung zum Bienenstock: Beträgt die Distanz weniger als 80 m, führt die Biene den Rundtanz auf, ist der Pollen weiter entfernt, den Schwänzeltanz. Die Richtung des Tanzes zeigt die Lage der Nahrungsquelle im Verhältnis zur Sonne an. Je langsamer die Biene tanzt, desto weiter ist die Futterquelle entfernt.

Von Arbeiterinnen gebaut: Die Wachswaben bestehen aus Zellen, kleinen sechseckigen Hohlräumen, in welche die Königin ihre Eier legt, und in denen die Bienen Nektar und Pollen lagern.

Jeder ist Mitglied einer Gruppe

Zum Wohl der Kolonie, die aus mehreren Millionen Tieren bestehen kann, teilen sich die Termiten in Gruppen oder „Kasten" ein. Das Königspaar (ein König und eine Königin) gewährleistet die Fortpflanzung. Die flügellosen und blinden Arbeiter, die den größten Teil der Kolonie ausmachen, nähren alle Mitglieder und bauen und erhalten den Termitenhügel. Die Nestwächter oder „Soldaten" sind für die Verteidigung der Kolonie zuständig.

Chemische Botschaften

Ameisen, Wespen und Bienen müssen sich innerhalb ihrer jeweiligen Kolonie verständigen können, um die Aufgaben und Funktionen der einzelnen Tiere aufeinander abzustimmen. Sie übermitteln Botschaften durch die Abgabe von Pheromonen, chemischen Botenstoffen, die über Fühler, Zunge und Ausdünstung ausgetauscht werden. So stehen sie im ständigen Kontakt. Jede Kolonie besitzt ihren eigenen chemischen Code, der es erlaubt, Eindringlinge am Nesteingang zu erkennen und zurückzudrängen.

Ameisen weisen den kürzesten Weg

Ameisen informieren ihre Gefährten über eine entdeckte Nahrungsquelle, indem sie Botenstoffe abgeben, die Pheromone genannt werden. Der Weg zu einer üppigeren Nahrungsquelle wird stärker markiert als zu einer, die nicht so interessant ist. Nach und nach wird die Pheromonspur zu den Orten mit nur geringem Nahrungsangebot verschwinden, da ihr weniger Arbeiterinnen folgen.

Dieser Vorgang sorgt auch dafür, dass Ameisen immer den kürzesten Weg zu einem Ziel nehmen. Im Vergleich zu einem anderen, längeren Weg, sind auf dem direkten Weg in derselben Zeit mehr Ameisen unterwegs, sodass er mehr Pheromone aufweist, was wiederum mehr Ameisen anlockt.

Die Kundschafterinnen weisen den Arbeiterinnen den Weg zu einer Nahrungsquelle Ⓐ, die sie gefunden haben, indem sie auf dem Rückweg zum Ameisenhaufen Ⓑ Pheromone hinterlassen. Der kürzeste Weg wird später durch die meisten Pheromone gekennzeichnet sein.

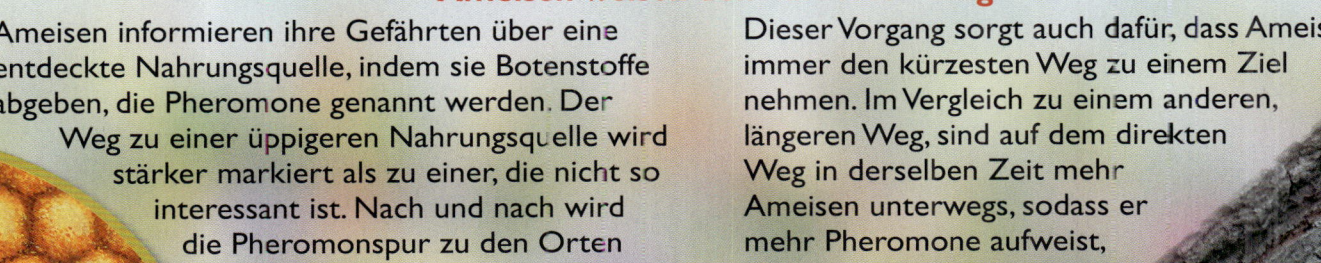

Anpassungs-fähigkeit

Viele Arten entwickeln eine beachtliche Fähigkeit, sich an ungewohnte Situationen anzupassen, indem sie erstaunliche Lösungen finden. So verfeinern beispielsweise Makaken ihre Speisen, ohne dies von ihren Eltern gelernt zu haben. Andere Tiere passen sich auf überraschende Weise an das Leben in der Stadt an, indem sie vom Menschen entwickelte technische Hilfsmittel nutzen. In Japan etwa benutzen Krähen Autos als Nussknacker und in London nehmen Tauben die Untergrundbahn.

Appetit macht erfinderisch

Meisen legen eine große Neugier für alles an den Tag, das ihnen fressbar erscheint. Diese Erfahrung machte man bereits in den 1920er-Jahren im Süden Englands. Hausbewohner hatten morgens nach dem Aufstehen festgestellt, dass die Milchflasche vor ihrer Haustür bereits angebrochen und die Sahneschicht auf der Milch verschwunden war. Hatte eine Meise erst einmal begriffen, dass sie den Deckel mit ihrem Schnabel durchbohren und es sich schmecken lassen kann, taten es ihr ihre Artgenossen gleich.

Die Makaken und die Süßkartoffeln

In den 1950er-Jahren beobachteten Wissenschaftler Makaken auf der japanischen Insel Kojima. Einen Tag nachdem die Affen eine sandige Süßkartoffel ausgegraben hatten, kam ein Weibchen auf die Idee, sie im Bach zu waschen. In den Folgejahren ahmten mehrere Makaken dieses Verhalten nach, bis es der ganzen Gruppe zur Gewohnheit wurde. Manche Tiere verfeinerten sogar den Geschmack der Kartoffeln, indem sie diese ins Salzwasser des Meeres tauchten.

Der Krake und das Einmachglas

Der Krake erstaunt immer wieder durch seine Lernfähigkeit und sein planvolles Vorgehen. Als Wissenschaftler eine Krabbe, ein beliebtes Beutetier des Kraken, in ein Einmachglas mit Drehverschluss sperrten, ließ sich der Krake keineswegs für dumm verkaufen. Er untersuchte das Glas zunächst, um dann den Verschluss mit seinen acht Fangarmen aufzudrehen, der Krabbe sein Gift zu spritzen und das Krabbenfleisch zu verspeisen.

Der Krake gilt als das intelligenteste Tier unter den Wirbellosen.

Nester aus Kleiderbügeln

Jedes Jahr verschwinden in Tokio Tausende von Metallkleiderbügeln, auf denen die Menschen Wäsche vor den Fenstern trocknen. Verantwortlich für den Diebstahl ist niemand anders als die Krähen, die mit den Bügeln ihre Nester verstärken. Mit ihren Schnäbeln können sie das weiche Metall sogar zurechtbiegen.

Tauben nehmen die U-Bahn

In London scheinen die Tauben begriffen zu haben, dass die U-Bahn ein schnelles und praktisches Beförderungsmittel ist. Man sieht tatsächlich einige von ihnen regelmäßig die U-Bahn oder den Nahverkehrszug betreten, um ein oder zwei Stationen später wieder auszusteigen. Für die Tauben bedeutet diese Art der Fortbewegung, Flugzeit zu sparen und keine unnötigen Anstrengungen aufzuwenden.

Autos als Nussknacker

In Japan breiten sich Aaskrähen immer mehr in den Städten aus. Um sich in der für sie ungewohnten Umgebung mit Futter zu versorgen, nutzen sie verblüffenderweise Autos als Nussknacker: Der Vogel beobachtet mit einer Nuss im Schnabel den Verkehr. Halten die Autos an einer roten Ampel an, lässt er die Nuss auf den Fussgängerüberweg fallen, fliegt zu seinem Beobachtungsposten zurück und wartet, bis die Ampel auf Grün umschaltet. Nachdem die Autos die Nuss überrollt und dabei die Schale zerbrochen haben, wartet die Krähe auf die nächste Rotphase und verputzt dann die Kerne.

Bären in der Stadt!

Weil sich das Packeis des Arktischen Ozeans — wahrscheinlich aufgrund der globalen Erwärmung — immer weiter verringert, sind viele Eisbären gezwungen, beim Nahen des Sommers an die Westküste der Hudson Bay vorzudringen und hier längere Zeit zu verweilen. Auch ohne Robben und Fische, von denen sie sich sonst ernähren, haben sie einen Weg gefunden, nicht zu verhungern: Sie durchstöbern den Müll in den kleinen Küstenstädten.

Baumeister

Welches Tier hat welches Zuhause?
Schreibe die jeweils richtige Zahl in
die leeren Kreise.

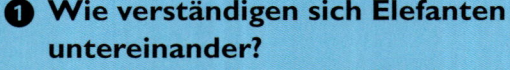

❶ Wie verständigen sich Elefanten untereinander?
a) Sie winken einander mit dem Rüssel zu.
b) Durch hörbare Laute und Infraschallwellen.
c) Sie trommeln rhythmisch mit ihren Beinen.

❷ Ameisen halten sich ganze Herden von Blattläusen. Warum?
a) Um die saftigen Blattläuse zu fressen.
b) Weil sie ihr Nest mit dem Speichel der Blattläuse bauen.
c) Sie „melken" die Läuse und fressen den von ihnen abgegebenen süßen Honigtau.

❸ Wie orientieren sich Zugvögel auf ihrem langen Flug nach Süden?
a) Am Magnetfeld der Erde
b) An Autobahnschildern
c) Mit GPS

❹ Wofür ist der Kuckuck berühmt?
a) Er öffnet Vogeleier mit einem Stein und frisst sie.
b) Er kann rückwärts fliegen.
c) Das Weibchen legt sein Ei in ein fremdes Nest.

❺ Wie überlistet das Tagpfauenauge seine Feinde?
a) Es klappt schnell die Flügel mit den Augenflecken auf und erschreckt so den Angreifer.
b) Es stellt sich tot.
c) Es ist immer wachsam, denn es schläft nur mit einem Auge.

Bist du schon Experte?

Dann kannst du sicher die folgenden Fragen beantworten!

❻ Warum heftet der Einsiedlerkrebs eine Seeanemone an sein Schneckenhaus?
a) Weil er sie als bunte Dekoration hübsch findet.
b) Weil sie giftig ist und ihn vor Feinden schützt.
c) Weil er sich so nicht einsam fühlt.

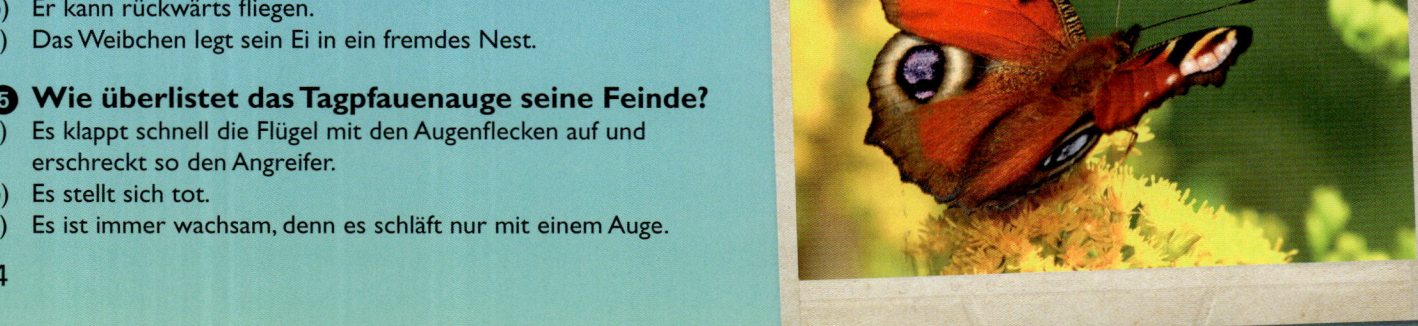

Kinderbetreuung

Bei Delfinen hilft oft ein anderes Delfin-
weibchen als „Amme" bei der Geburt,
indem es das Junge aus dem Bauch der
Mutter herauszieht. Elefanten betreiben
richtige Kindergärten: Alle Jungtiere der
Herde spielen unter der Aufsicht von
erwachsenen Kühen. Auch heranwach-
sende Pinguine haben eine „Kindergar-
tenzeit": Sie schließen sich zu Gruppen
zusammen, wenn die Eltern auf Nahrungssuche sind. Weißt du, wie man eine
große Gruppe von Pinguinen nennt? Du
brauchst nur die roten Buchstaben in
die Kreise links zu schreiben.

4

Nicht schlecht, Herr Specht

Würmer sind die Lieblingsspeise
von Vögeln. Hilf dem Specht, den
Wurm zu fangen.

Handwerker

Hier werden Tiere gesucht, die Werkzeuge verwenden. Umlaute sind als zwei Buchstaben zu schreiben, das Ä wird zu AE.

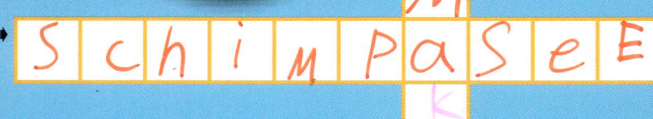

Kreuzworträtsel:

1. SCHIMPASEE
2. MAKAK
3. ELEFANT
4. KRABH ... (ILRABH)
5. SCHMUTZGEIER
6. MEEROTTER
7. DELFIN

❶ Die Anakonda schlingt auch große Beutetiere im Ganzen hinunter.

❷ Der Ameisenlöwe ist ein Raubtier, das seine Beute mit Sandkörnern bewirft.

❸ Das südamerikanische Lama spuckt, wenn es sich den Magen verdorben hat.

❹ Der Clownfisch kann notfalls sein Geschlecht wechseln.

❺ Affen sind empört, wenn sie ungleich behandelt werden.

❻ Der Grünreiher legt Insektenköder auf der Wasseroberfläche aus.

❼ Der Neuntöter (ein Vogel) spießt erbeutete Käfer und Mäuse auf Dornen auf.

❽ Die Brillenschlange heißt so, weil sie besonders intelligent ist.

❾ Das Schnabeltier ist ein Säugetier, das Eier legt, einen Giftstachel hat und seine Farbe wechseln kann.

❿ Der Honiganzeiger (ein Vogel) und der Honigdachs (ein Raubtier) arbeiten zusammen, um leckere Bienennester auszurauben.

Richtig oder falsch?

Kannst du dir denken, welche dieser Aussagen richtig sind und welche falsch?

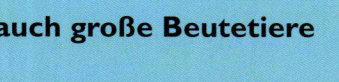

SA-CKE-DECH-DER-EI-GE-HUM-LA-MAN-MER-SCHRE-SE-SEE-SPENST-STERN

Nachschub

Manchen Tieren wachsen Körperteile nach, die sie verloren haben. Stelle fünf solcher Tiere aus diesen Silben zusammen.

E ◯◯◯◯◯◯◯
G ◯◯◯◯◯◯◯◯◯◯◯◯◯◯
H ◯◯◯◯◯◯◯◯
S ◯◯◯◯◯◯◯◯◯
S ◯◯◯◯◯◯◯◯

Wo bin ich?

Diese Tiere sind Meister der Tarnung. Kennst du sie?

A _____

B _____

C _____

D _____

E _____

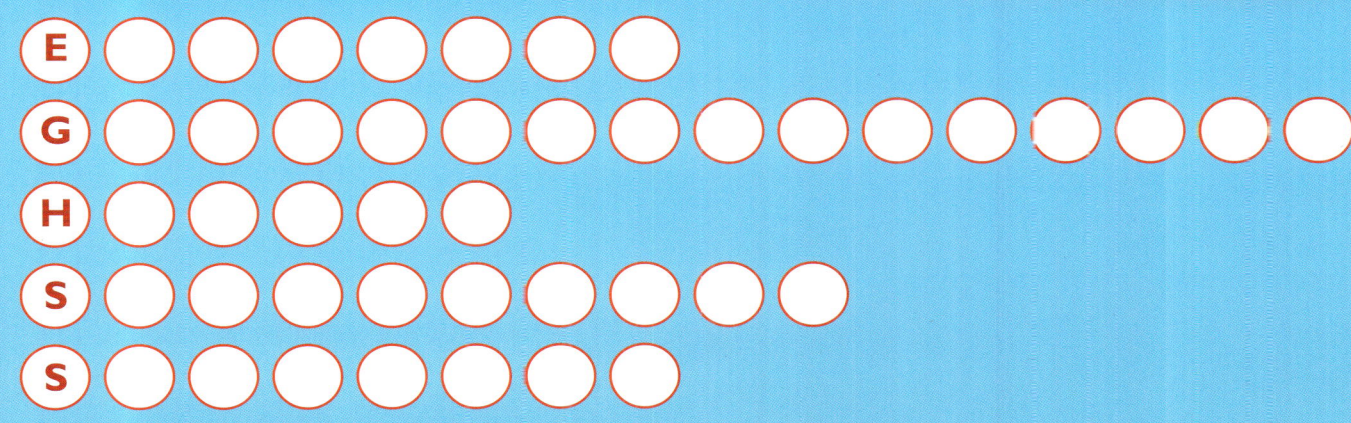

Lösungen für das Quiz

Frage 1

- **1** **C** Termite
- **2** **E** Webervogel
- **3** **D** Wespe
- **4** **B** Kaninchen
- **5** **A** Biber

Frage 2

1 b; 2 c; 3 a; 4 c; 5 a; 6 b

Frage 3

KOLONIE

Frage 4

Frage 5

Kreuzworträtsel:
- 1 SCHIMPANSE
- 2 MAKAK
- 3 ELEFANT
- 4 KRAH
- 5 SCHMUTZGEIER
- 6 MEEROTTER
- 7 DELFIN

Frage 6

- **1** Richtig. Sie hakt sogar den Unterkiefer aus, um ihr Maul weit aufzumachen.
- **2** Falsch. Der Ameisenlöwe bewirft zwar tatsächlich vorbeikommende Insekten. Er ist aber kein Raubtier, sondern selbst ein Insekt.
- **3** Falsch. Es spuckt, um sich Respekt zu verschaffen.
- **4** Richtig. Alle Clownfische werden männlich geboren. Bei Frauenmangel verwandelt sich das größte Männchen in ein Weibchen.
- **5** Richtig. Bei einem Experiment fanden Forscher heraus, dass Affen einen Sinn für Gerechtigkeit haben. Als man dem einen Affen Gurken zu fressen gab und dem anderen leckere Weintrauben, fühlte sich der erste Affe ungleich behandelt.
- **6** Richtig. Und wenn ein neugieriger Fisch näher kommt, schnappt der Grünreiher zu.
- **7** Richtig. So trocknen sie gut und der Neuntöter hat immer einen Nahrungsvorrat.
- **8** Falsch. Sie verdankt ihren Namen dem Brillenmuster auf ihrem Halsschild.
- **9** Falsch. Das Schnabeltier ist zwar tatsächlich ein Säugetier, das Eier legt und einen Giftstachel hat. Die Farbe kann es aber nicht wechseln.
- **10** Richtig. Der kräftige Honigdachs bricht das Bienennest auf, nachdem ihn der Honiganzeiger dorthin geführt hat. So können beide fressen.

Frage 7

EIDECHSE; GESPENSTSCHRECKE; HUMMER, SALAMANDER; SEESTERN

Frage 8

- **A** Schneehase
- **B** Fisch (Skorpionfisch)
- **C** Wandelndes Blatt
- **D** Krake
- **E** Löwe

© 2016 Ullmann Medien GmbH
Birkenstraße 10, D-14469 Potsdam

© der französischen Ausgabe:
La Grande Imagerie, Animaux Très Malins
Fleurus Éditions, Paris

Alle Rechte vorbehalten

ISBN: 978-3-7415-2008-2

Idee: Émilie Beaumont
Text: Sabine Boccador
Illustrationen: Bernard Alunni und Marie-Christine Lemayeur
Übersetzung: Judith Borchert
Quizaufgaben: Ursula Fethke
Satz und Gestaltung: ce redaktionsbüro
Umschlaggestaltung: MWK, Köln
Gesamtherstellung: Ullmann Medien GmbH, Potsdam